La cuis

Les meilleures recettes
de la

Cuisine Française

par
Edith Notteau

Le Ballon

x: demande peu d'expérience culinaire

xx: demande une certaine expérience culinaire

xxx: demande une bonne expérience culinaire

xxxx: demande une grande expérience culinaire

Le présent ouvrage ne contient que des recettes x et xx.

Sommaire

Soupe à l'oignon

Cette soupe était particulièrement appréciée jadis dans le quartier des Halles à Paris, par les froides journées d'hiver, lorsque les commerçants allaient se réchauffer dans les bistrots, après le travail.

Ingrédients pour 6 personnes:

Degré de difficulté: x
Préparation: 10 min
Cuisson: 20 min
Par portion: env. 200 kcal/800 kJ

250 g d'oignons
80 g de farine
80 g de beurre
2 cubes de bouillon de poule dans 1,5 l d'eau (remplacer évt par du bouillon de viande)
120 g de gruyère fraîchement râpé
sel et poivre du moulin

1 Portez l'eau et les cubes de bouillon à ébullition. Pelez les oignons et coupez-les en gros morceaux; faites-les dorer dans une casserole avec le beurre. Saupoudrez de farine et faites brunir. Versez ensuite le bouillon sur le tout et laissez cuire env. 10 min. Salez et poivrez à volonté.
2 Tamisez éventuellement la soupe ou mixez-la finement. Certains bistrots des Halles ajoutaient un filet de cognac ou d'armagnac. Faites l'essai et comparez.
3 Préchauffez le four à 200°C.
4 Répartissez la soupe dans 6 bols résistant au four. Parsemez de gruyère (sans mélanger) et gratinez env. 12 minutes. Servez chaud avec des petites tranches de baguette.

Paris est sans conteste la capitale gastronomique du monde. Aucune autre ville ne compte autant de magasins d'alimentation de luxe et de restaurants couronnés d'étoiles. Photo: une boulangerie de Montmartre.

Soupe de potiron

Située tout au nord de la France, la Flandre française, fait historiquement partie du 'plat pays' chanté par Brel. Ses recettes de poisson se classent parmi les meilleures du littoral de la mer du Nord.

Ce potage d'automne, est une spécialité de la Flandre belge et française. Il était préparé à l'occasion des fêtes familiales ou villageoises. À la côte, le bouillon de poule était souvent remplacé par du bouillon de poisson.

Ingrédients pour 4 personnes:

1 kg de potiron
1 oignon
2 cubes de bouillon de poule dans 1,5 l d'eau
2 poivrons rouges
2 poireaux
1 petite tasse de lait
4 c. à s. de beurre
sel et poivre du moulin

Degré de difficulté: x
Préparation: 10 min
Cuisson: env. 30 min
Par portion: 150 kcal/600 kJ

1 Pelez l'oignon et hachez-le en petits morceaux, de même que les poireaux et les poivrons. Faites revenir le tout dans une casserole avec 2 cuillers de beurre, environ 5 min à feu doux.
2 Portez à ébullition l'eau et les cubes de bouillon.
3 Coupez le potiron en petits cubes et ajoutez aux légumes.
4 Laissez cuire le tout dans le bouillon, env. 30 minutes à feu doux, jusqu'à ce que le potiron soit bien cuit.
5 Réduisez en purée au mixer. Mélangez-y le reste du beurre, le lait et réchauffez quelques instants avant de servir.

Soupe au pistou

Une soupe de légumes typique, dégustée par la bourgeoisie provençale mais qui, à l'origine, n'était pas très raffinée du fait de l'usage abondant de haricots blancs et rouges frais. La recette moderne a carrément supprimé les haricots ou limité leur quantité.

Ingrédients pour 4 personnes:

Degré de difficulté: x
Préparation: 20 min
Cuisson: 45 min
Par portion: 200 kcal/800 kJ

2 cubes de bouillon de poule dans 1,5 l d'eau
100 g de carottes
100 g de haricots princesses finement hachés
2 oignons moyens
100 g de tomates
1 petite pomme de terre
2 gousses d'ail
1 brin de basilic
2 c. à s. d'huile d'olive
3 c. à s. de beurre
sel et poivre du moulin

1 Pelez les oignons, la pomme de terre et les tomates (après les avoir saisies dans de l'eau chaude). Coupez-les ainsi que les carottes et les haricots en petits dés ou en fines rondelles.

2 Faites fondre la moitié du beurre dans une casserole; mijotez-y les légumes jusqu'à leur cuisson (20 min env.).

3 Portez l'eau et les cubes de bouillon à ébullition. Ajoutez les légumes, le sel et le poivre. Pressez les gousses d'ail dans le tout et laissez cuire encore une vingtaine de minutes.

4 Hachez le basilic très finement et mélangez-le à l'huile d'olive. Retirez le bouillon du feu et ajoutez-y l'huile d'olive en mélangeant.
Servez immédiatement.

Salade niçoise

Jusqu'à la fin du siècle passé, Nice était une ville italienne. Le vieux quartier du centre en porte encore les traces. L'utilisation de thon, d'anchois et d'olives noires dans la salade niçoise évoque également ce passé italien.

Ingrédients pour 4 personnes:

Degré de difficulté: x
Préparation: 20 min
Par portion: env. 150 kcal/ 600 kJ

400 g de salades mixtes
1 poivron rouge et 1 vert
1 oignon
1 petite boîte d'anchois à l'huile d'olive
1 boîte de 400 g de thon au naturel
4 œufs durs, 4 tomates
200 g d'olives noires
2 brins de basilic
1 dl d'huile d'olive (de première pression à froid)
2 gousses d'ail
sel et poivre du moulin

1 Lavez bien les légumes; coupez la salade; coupez les poivrons en petits dés; coupez les tomates en tranches et l'oignon en fines rondelles; disposez le tout dans un grand saladier.
2 Ajoutez les olives, les anchois en morceaux et le thon égoutté.
3 Coupez les œufs en quartiers et ajoutez-les à la salade.
4 Hachez les feuilles de basilic et ajoutez-les à l'huile d'olive dans une saucière; ajoutez l'ail pressé et mélangez; salez et poivrez. Versez la sauce sur la salade et mélangez soigneusement.

Salade de roquefort aux noix

Une salade d'hiver particulièrement savoureuse qui figure à la carte de la plupart des bistrots parisiens. À essayer à tout prix! L'important est d'utiliser des noix fraîches et de l'huile d'olive obtenue par première pression à froid. Le roquefort peut être remplacé par un autre bleu.

Ingrédients pour 4 personnes:

400 g de salade frisée, de laitue et/ou d'autres salades
180 g de roquefort
150 g de noix
une dizaine d'olives vertes, dénoyautées
1 c. à s. de jus de citron
1/2 petite tasse d'huile de noix ou d'olive
sel

Degré de difficulté: x
Préparation: 25 min
Par portion: env. 500 kcal/ 2100 kJ

1 Mélangez l'huile et le jus de citron dans un bol; salez.
2 Lavez les feuilles de salade très soigneusement puis essorez-les. Disposez-les dans un grand saladier.
3 Coupez-les olives en petits dés et cassez les noix en menus morceaux.
4 Découpez ensuite le roquefort en cubes ou émiettez-le complètement. Ajoutez le tout à la salade.
5 Versez l'huile et le citron sur la salade et mélangez délicatement. Servez immédiatement.

Salade de fruits de mer

Une délicieuse salade, spécialité du sud-ouest de la France. Les fruits de mer seront présentés de préférence dans leur coquille. Accompagnez cette entrée de morceaux de baguette pour ne rien perdre de la sauce!

Ingrédients pour 4 personnes:

Degré de difficulté: x
Préparation: env. 35 min
Par portion: env. 400 kcal/ 1700 kJ

500 g de moules
500 g de coques, de coquilles Saint-Jacques, de praires ou de mactres
1 verre de vin blanc sec
6 échalotes finement hachées
2 c. à s. de vinaigre de vin

1 Nettoyez soigneusement les coquillages et ôtez les barbes des moules. Mettez le tout dans une grande casserole, ajoutez le vin et portez à ébullition.
2 Dès que les coquillages s'ouvrent, retirez la casserole du feu. Jetez ceux qui ne se sont pas ouverts.
3 Tamisez le jus de cuisson dans un poêlon et ajoutez-y les échalotes hachées. Portez à ébullition et laissez cuire env. 5 min, jusqu'à ce que les échalotes soient tendres. Ajoutez ensuite le vinaigre et retirez du feu.
4 Laissez refroidir la sauce avant de la verser sur les coquillages. Placez une heure au réfrigérateur. Accompagnez la salade de morceaux de baguettes.

Si Paris est la capitale de la cuisine mondiale, Bordeaux est celle du vin. Les plus vastes domaines vinicoles français entourent la ville. Le climat et le sol garantissent la production des meilleurs vins. Photo: le Château-Lagrange.

Salade de chèvre chaud

Ingrédients pour 4 personnes:

Degré de difficulté: x
Marinade: 2 jours
Préparation: env. 30 min
Par portion: env. 500 kcal/ 2100 kJ

400 g de salades variées (laitue, frisée, feuilles de chêne, etc.)
4 petits fromages de chèvre durs
2 dl d'huile de noix ou d'olive
feuilles de basilic
1 brindille de thym
4 feuilles de laurier
un peu de cerfeuil
quelques brins de ciboulette
1 tige d'estragon
1 brindille de romarin
vinaigre de vin rouge
1 gousse d'ail
2 cuillerées de moutarde
1 petit oignon
sel et poivre du moulin

1 Mettez l'huile d'olive, le romarin et le thym dans un plat. Salez et poivrez légèrement. Faites-y mariner pendant deux jours les fromages coupés en deux dans le sens de la longueur. Couvrez le plat d'un linge. Égouttez ensuite les fromages.
2 Lavez la salade et coupez-la en morceaux moyens; répartissez ceux-ci entre 4 assiettes.
3 Préparez une vinaigrette avec l'huile, la moutarde, un filet de vinaigre de vin rouge et quelques gouttes d'ail pressé. Ajoutez l'oignon, la ciboulette et le basilic finement hachés.

4 Passez les fromages de chèvre sous le gril jusqu'à ce que le dessus soit bien doré.
5 Placez deux demi-fromages sur chaque assiette garnie de salade. Arrosez la salade de la vinaigrette et parsemez le fromage d'un peu de cerfeuil et d'estragon hachés. Servez sans attendre.

Les montagnes françaises et la Provence ont une tradition séculaire d'élevage de chèvres. La chèvre était jadis la 'vache du pauvre'. De nos jours, son fromage est très apprécié pour son goût particulier qui se marie idéalement aux légumes et aux fruits frais.

Une entrée traditionnelle des montagnes françaises où l'on pouvait encore voir, il y a une dizaine d'années, de nombreux troupeaux de chèvres. Aujourd'hui, le fromage de chèvre provient également d'autres régions d'Europe.

Coquilles Saint-Jacques au four

Ce mets fait partie de la cuisine française classique. Il convient à toutes les occasions spéciales et demande très peu de temps.

Ingrédients pour 4 personnes:

Degré de difficulté: x
Préparation: 30 min
Par portion: 250 kcal/1050 kJ

8 grosses ou 12 petites noix de coquilles Saint-Jacques
4 coquilles Saint-Jacques
100 g de beurre
2 gousses d'ail
5 feuilles de basilic
1 c. à s. de persil haché
sel et poivre du moulin

1 Rincez les noix et les coquilles des Saint-Jacques à l'eau courante. Disposez 2 grosses ou 3 petites noix dans chaque coquille.
2 Préchauffez le four à 220°C.
3 Hachez les feuilles de basilic et pressez l'ail. Salez, poivrez et mélangez le tout avec le persil et le beurre. Répartissez le beurre entre les 4 coquilles Saint-Jacques.
4 Placez les coquilles dans un plat à four et couvrez celui-ci hermétiquement à l'aide de papier d'aluminium. Faites cuire 10 min au four et servez immédiatement.

Gratin de courgettes et de tomates

Ce plat succulent est en général servi en entrée mais il peut également servir d'accompagnement à du poisson ou à de la viande.

Ingrédients pour 4 personnes:

Degré de difficulté: x
Préparation: 35 min
Par portion: env. 150 kcal/600 kJ

500 g de courgettes
1 kg de tomates fermes
100 g de gruyère fraîchement râpé
1 échalote
1 gousse d'ail
1 c. à c. de thym frais
3 c. à s. d'huile d'olive

1 Lavez les légumes. Coupez les courgettes en très fines rondelles. Coupez les tomates en deux et épépinez-les avant de les détailler en dés. Pelez l'échalotte et coupez finement.
2 Préchauffez le four à 220°C. Frottez avec la gousse d'ail un plat à gratin d'environ 4 cm de profondeur.
3 Garnissez le fond du plat avec les courgettes, puis couvrez celles-ci des tomates. Aspergez les légumes d'huile d'olive et saupoudrez-les de thym.
4 Mettez le plat au four 20 minutes. Parsemez le gratin de gruyère dès sa sortie du four. Placez quelques minutes sous le gril jusqu'à ce que le fromage soit fondu et bien doré.

Veau au vin blanc

Un plat pas trop compliqué qui demande peu de préparation mais environ 2 heures de cuisson. Le résultat est néanmoins inoubliable!

Degré de difficulté: x
Préparation: 10 min
Cuisson: 2 h
Par portion: 400 kcal/1700 kJ

Ingrédients pour 4 personnes:

4 tranches de veau
1 verre de vin blanc
1 verre de bouillon de viande
50 g de beurre
1 gros oignon
1 gousse d'ail
40 g de farine
sel et poivre du moulin

1 Faites fondre le beurre dans une casserole. Hachez finement l'oignon. Faites rôtir la viande dans le beurre. Ajoutez l'oignon haché, saupoudrez de farine puis arrosez du bouillon et d'un demi-verre de vin blanc. Additionnez de quelques gouttes d'ail pressé. Salez et poivrez à volonté.

2 Faites mijoter 2 heures à feu très doux. Retirez la viande de la casserole et ajoutez le reste de vin blanc au jus de cuisson pour faire la sauce.

3 Disposez la viande sur quatre assiettes avec des légumes chauds et nappez de sauce.

Pot-au-feu bourguignon

Ce plat unique fait partie de la cuisine quotidienne de beaucoup de Bourguignons. À l'origine, le vin n'était ajouté que dans la région vinicole de la Bourgogne.

Ingrédients pour 4 personnes:

500 g de viande de bœuf maigre
500 g de viande de porc maigre
2 petits oignons
2 branches de céleri à côtes
3 carottes
3 poireaux
1 gousse d'ail
3 tomates fermes
2 brins de cerfeuil
2 petites feuilles de laurier
1/2 verre de vin rouge
sel et poivre du moulin

Degré de difficulté: x
Préparation: 15 min
Cuisson: 2h30
Par portion: 300 kcal/1300 kJ

1 Coupez la viande en cubes de 4 cm et mettez-la dans une casserole. Ajoutez de l'eau jusqu'à 2 cm au-dessus de la viande. Laissez mijoter env. 1 heure à feu doux.
2 Pelez les oignons et coupez-les en deux. Lavez et grattez les carottes et coupez-les en rondelles de ± 1 cm. Lavez les poireaux et détaillez les blancs en morceaux d'env. 4 cm. Faites de même avec le céleri. Lavez les tomates et coupez-les en quatre. Lavez le cerfeuil et hachez-le pas trop finement. Hachez la gousse d'ail. Ajoutez le tout à la viande. Salez, poivrez et ajoutez les feuilles de laurier. Laissez encore mijoter pendant 1h15.
3 Versez 1/3 de l'eau de cuisson dans un récipient (à réutiliser plus tard comme bouillon, pour des sauces ou des potages). Ajoutez le vin à la viande et laissez encore mijoter un petit quart d'heure.
4 Mettez la viande dans un plat; retirez les légumes du bouillon à l'aide d'une écumoire et ajoutez-les à la viande. Servez immédiatement, éventuellement avec de la moutarde.

La Bourgogne possède une des meilleures cuisines régionales de France. Sa région viticole est moins étendue que celle du Bordelais, mais la qualité de son vin n'en est pas moins remarquable. Photo: le Château-Meursault dans les environs de Beaune.

Langue de bœuf au madère

Aucun autre pays n'arrive aussi bien que la France à adapter les trésors culinaires de la cuisine mondiale. Cette recette en est une illustration géniale.

Ingrédients pour 4 personnes:

1 langue de bœuf d'env. 1 kg (si elle pèse plus, le reste peut être servi froid à un autre repas)
1/2 verre de vinaigre de vin rouge
1/2 l de vin blanc
4 c. à s. d'huile d'olive
4 gros oignons
2 feuilles de laurier
1 c. à c. de thym frais
sel et poivre du moulin

Degré de difficulté: xx
Préparation: 30 min
Cuisson: env. 2h45
Par portion: env. 250 kcal/ 1050 kJ

Pour la sauce:
0,3 dl de fond brun (évt surgelé)
1 verre à vin de madère
sel et poivre du moulin

1 Laissez tremper la langue au moins 4 heures dans une casserole d'eau froide. Versez l'eau et remplacez-la par de l'eau froide fraîche, additionnée du vinaigre de vin. Laissez cuire une quinzaine de minutes.
2 Versez l'eau de cuisson et rincez la langue à l'eau froide.
3 Pelez les oignons et hachez-les. Faites-les revenir dans une grande casserole avec l'huile d'olive. Ajoutez le vin blanc le thym et les feuilles de laurier aux oignons. Salez et poivrez. Déposez la langue et laissez encore cuire 2h30 à feu doux et à couvert. Au bout d'une heure, retournez la langue.

4 Ôtez la peau et les autres morceaux non comestibles comme les cartilages.

5 Portez le fond brun à ébullition dans un poêlon, ajoutez le madère et laissez réduire aux 2/3 environ.

6 Coupez la langue en tranches obliques, disposez celles-ci sur un plat et nappez de sauce. Servez immédiatement, par exemple avec des pommes vapeur et des légumes de saison.

Filet de porc à la dijonnaise

'À la dijonnaise' ne signifie pas toujours que le mets est originaire de Dijon mais qu'il contient de la moutarde.

Ingrédients pour 4 personnes:

700 g de filet de porc
300 g de jambon fumé en tranches
Pour la sauce:
200 g de champignons
3 c. à s. de beurre
un peu de moutarde
1 échalote hachée
1/2 cube de bouillon de viande
2,5 dl d'eau
1 dl de crème fraîche

1 Demandez au boucher de barder le filet de porc, c.-à-d. de l'envelopper d'une fine couche de lard, maintenue par quelques tours de ficelle. Préchauffez le four à 180°C. Glissez-y la viande et laissez cuire une vingtaine de minutes. Retournez la viande à mi-cuisson. Arrosez-la plusieurs fois du jus de cuisson.
2 Pendant ce temps, préparez la sauce. Coupez les champignons en quatre. Faites fondre le beurre dans une casserole et faites-y revenir les champignons et l'échalote hachée. Dans un poêlon, portez l'eau à ébullition et ajoutez le demi-cube de bouillon. Versez ce bouillon sur les champignons et portez à ébullition tout en tournant. Ajoutez la crème et laissez épaissir de moitié. Mixez le tout en purée.
3 Retirez la viande du four et ôtez la barde à l'aide d'eau chaude. Coupez le rôti de porc en tranches et disposez celles-ci sur un plat. Badigeonnez chaque tranche d'un peu de moutarde douce à

l'aide d'un pinceau et couvrez d'une tranche de jambon. Remettez 2 min dans le four chaud.

4 Répartissez la moitié de la sauce sur la viande et servez après en avoir versé l'autre moitié dans une saucière. Accompagnez de chou-fleur, de purée de carottes ou de purée de brocolis.

Dijon est réputée pour sa moutarde. Celle-ci figure dans toutes les recettes 'à la dijonnaise'. Photo: un coin charmant de la ville.

Degré de difficulté: x
Préparation: 10 min
Cuisson: 1 heure
Par portion: env. 400 kcal/ 1700 kJ

Navarin d'agneau provençal

Le navarin une spécialité locale de plusieurs régions de France. Ce plat printanier typique est très facile à préparer.

Ingrédients pour 4 personnes:

Degré de difficulté: x
Préparation: 2h20
Par portion: env. 350 kcal/ 1500 kJ

1 kg d'épaule d'agneau (en 16 morceaux)
1 cube de bouillon de poule dans 5 dl d'eau
6 petits oignons frais
300 g de petis pois
100 g de haricots princesses
6 jeunes carottes
2 tomates mûres
4 petits navets
100 g d'oignons grelots
2 gousses d'ail
3 c. à s. d'huile d'olive
1 verre de vin rouge
1 c. à s. d'herbes séchées (sarriette, romarin, thym et marjolaine)
sel et poivre du moulin

1 Rôtissez la viande 15 min à l'huile d'olive, dans une poêle.
2 Plongez les tomates et les oignons grelots env. 10 secondes dans l'eau chaude (les 'saisir') avant de les peler. Coupez les tomates en quatre et épépinez-les. Lavez les oignons frais, coupez les racines et laissez env. 2 cm de feuilles. Coupez-les en deux. Coupez les carottes en rondelles; épluchez les navets et coupez-les en cubes de env. 1 cm. Écossez les pois et coupez les haricots en deux. Hachez les gousses d'ail.

3 Portez l'eau et le cube de bouillon à ébullition, retirez du feu, ajoutez la viande, les tomates, les herbes, l'ail haché et le vin. Laissez mijoter env. 40 min. à feu doux.
4 Cuisez 10 min les haricots et les petits pois dans une casserole contenant 2 l d'eau. Salez et poivrez. Égouttez.
5 Disposez tous les légumes sur la viande, laissez cuire encore 10 min puis servez.

Carré d'agneau persillé

Un plat attrayant et appétissant qui convient à toutes les occasions. Il s'avère particulièrement délicieux, surtout si vous l'accompagnez d'une ratatouille niçoise dont vous trouverez la recette dans ce livre.

Ingrédients pour 4 personnes:

Degré de difficulté: x
Préparation: 1 heure
Par portion: 450 kcal/1900 kJ

un carré d'agneau de 4 x 4 côtes, prédécoupé par le boucher
1 cube de bouillon de bœuf dans 5 dl d'eau
3 c. à s. d'huile d'olive
4 c. à s. de beurre mou
100 g de mie de pain
4 gousses d'ail
4 c. à s. de moutarde (avec grains entiers)
80 g de persil finement haché
sel et poivre du moulin

1 Préchauffez le four à 220°C. Enduisez un plat à rôtir de l'huile d'olive et faites brunir au four le carré d'agneau sur toutes ses faces pendant quelques minutes. Retirez du four, salez et poivrez.
2 Pendant ce temps, mélangez dans un bol l'ail finement haché et le persil, la mie de pain et le beurre jusqu'à obtention d'un pâte onctueuse.
3 Badigeonnez le dessus de la viande avec de la moutarde puis d'une fine couche du mélange au persil. Mettez 20 min au four. La viande doit rester rosée à l'intérieur.

4 Découpez le carré en côtelettes, disposez celles-ci sur un plat et maintenez-les au chaud.

5 Faites fondre le cube de bouillon dans l'eau. Jetez le jus du plat à rôtir et déglacez à l'aide du bouillon le jus coagulé dans le fond du plat. Faites bouillir cette sauce environ 5 min, puis nappez-en les côtelettes. Servez immédiatement, de préférence avec une ratatouille niçoise.

En France, le mouton est principalement élevé pour sa viande. C'est surtout dans le Massif central et dans les Pyrénées que se rencontrent les plus gros troupeaux de moutons. Photo: troupeau sur le causse Méjean, dans les Cévennes.

Suprême de volaille

Une spécialité de la région parisienne. Du fait qu'elle contient des asperges, il s'agit d'un plat printanier.

Ingrédients pour 4 personnes:

4 blancs de poulet
1 cube de bouillon de poule
1,5 l d'eau
600 g d'asperges
100 g de beurre
1 brin de persil
1/2 c. à thé de sucre
1 c. à s. de jus de citron
sel et poivre du moulin

1 Épluchez les asperges et coupez le bout dur sur env. 3 cm.
2 Portez 1,5 l d'eau à ébullition avec le cube de bouillon, le sucre et le jus de citron. Ajoutez les asperges et laissez cuire env. 25 min.
3 Préchauffez le four à 220°C. Mettez les blancs de poulet dans un plat résistant au four avec couvercle. Faites fondre la moitié du beurre et versez celui-ci sur le poulet. Salez, poivrez et laissez cuire à couvert durant 20 minutes.
4 Égouttez les asperges (en réservant éventuellement le bouillon pour une crème d'asperges). Remettez-les quelques instants sur le feu pour éliminer toute trace de liquide. Faites ensuite revenir les asperges 2, 3 minutes dans le reste du beurre. Sortez les blancs de poulet du four, disposez-les sur 4 assiettes et garnissez avec les asperges. Parsemez d'un peu de persil et servez immédiatement.

La France s'enorgueillit de plusieurs races de poulets célèbres pour la qualité exceptionnelle de leur viande, comme le poulet de Bresse. Des dizaines de recettes françaises de poulet ont conquis le monde et figurent à la carte des restaurants les plus réputés.

Degré de difficulté: x
Préparation: env. 50 min
Par portion: 350 kcal/1500 kJ

Coq au vin

Presque chaque département français prétend avoir inventé cette recette! Et il est probable qu'il en soit vraiment ainsi. Les plus anciennes sources évoquent toutefois une origine italienne. La recette la plus courante est à base de bourgogne rouge et contient des ingrédients repris dans la recette d'origine auvergnate.

Degré de difficulté: x
Préparation: env. 1h50
Par portion: 550 kcal/2300 kJ

Ingrédients pour 4 personnes:

2 poulets à rôtir d'1 kg chacun
100 g de lard maigre
150 g de petits champignons
10 petits oignons frais
4 échalotes
5 c. à s. d'huile d'olive
5 c. à.s. de farine
1 l de bourgogne rouge
6 c. à s. de cognac
2 gousses d'ail
1 bouquet garni (1 feuille de laurier, 1 brindille de romarin, 1 brindille de thym, 6 brins de persil)
1 pointe de noix de muscade
sel et poivre du moulin

1 Lavez rapidement les champignons et coupez les pieds. Lavez les petits oignons et raccourcissez les feuilles à 1 cm, puis coupez en deux. Coupez le lard en lardons de ± 1 cm. Hachez finement les échalotes. Rincez bien les poulets à l'eau courante et découpez-les en morceaux: 4 blancs (sans les os), 4 cuisses et 4 ailes. Salez et poivrez les morceaux puis passez-les dans la farine.
2 Chauffez l'huile d'olive dans une grande casserole. Faites-y revenir 5 minutes le lard, les champignons, les petits oignons et les échalotes, puis retirez le tout. Faites rôtir les morceaux de poulet sur toutes leurs faces 15 minutes dans la même casserole. Arrosez de cognac et flambez.

Attendez que la flamme soit éteinte avant d'ajouter le bourgogne.

3 Ajoutez le bouquet garni, l'ail finement haché, un peu de sel et de poivre et la noix de muscade. Couvrez et laissez mijoter 30 min. Mouillez au besoin de 2 ou 3 c. à s. d'huile d'olive. Ajoutez ensuite le mélange de lard aux légumes et laisser encore mijoter 1 heure.

4 Retirez le bouquet garni. Disposez le poulet et les légumes dans un plat creux chauffé et laissez épaissir le vin à feu vif avant d'en napper le poulet. Servez immédiatement.

Dindonneau rôti fermière

Une recette provençale particulièrement indiquée pour les fêtes de fin d'année. Sa préparation est assez longue mais le résultat en vaut la peine. Vos invités seront séduits.

Ingrédients pour 4 personnes:

Degré de difficulté: xx
Préparation: 3h30
Par portion: env. 500 kcal/ 2100 kJ

1 dindonneau d'env. 2 kg (les restes peuvent être dégustés froids)
200 g de hachis de veau
100 g de foies de volaille
100 g de châtaignes
100 g de noix
2 petits oignons
8 échalotes
2 gousses d'ail
6 brins de persil
1 tranche de pain blanc
4 c. à s. de cognac
2 c. à s. d'huile d'olive
2 c. à s. de crème fraîche
1 œuf
sel et poivre du moulin

1 Lavez les châtaignes et cuisez-les 15 min dans 5 dl d'eau bouillante. Égouttez-les et laissez-les refroidir. Épluchez-les et écalez les noix. Hachez finement les châtaignes et la moitié des noix.
2 Émiettez le pain et laissez-le tremper dans la crème.
3 Coupez les foies de volaille en petits dés. Épluchez les oignons et les échalotes; hachez-en la moitié et mettez le tout dans une poêle avec l'huile d'olive. Ajoutez les foies après 5 min et faites cuire ceux-ci. Formez de petites boulettes avec le hachis et cuisez-les aussi. Retirez la poêle du feu.
4 Hachez finement 4 brins de persil et l'ail. Dans un bol, mélangez le persil, l'ail et les foies, les boulettes, les châtaignes, les noix, les oignons et les échalotes (hachés), le pain

trempé, le cognac, l'œuf battu, le sel et le poivre.

5 Rincez l'intérieur et l'extérieur du dindonneau. Épongez-le, salez et poivrez. Farcissez-le du mélange. Rôtissez le dindonneau 2h30 à 200°C. Tournez-le régulièrement et arrosez du jus de cuisson. 30 min avant la fin de la cuisson, ajoutez les échalotes et les oignons entiers.

6 Lorsque le dindonneau est cuit, placez-le éventuellement 4 min sous le gril, dos tourné vers le haut. Placez-le sur un plat chauffé et entourez-le des échalotes et des oignons entiers. Déglacez le plat à rôtir à l'aide d'un verre d'eau et laissez bouillir quelques instants. Nappez le dindonneau de la sauce. Garnissez le plat des noix entières et du reste du persil. Servez rapidement. Accompagnez par exemple de croquettes ou de purée de pommes de terre.

Canard à l'orange

Ce plat classique nous vient d'Orléans. De nos jours, il figure au menu de la France entière, mais la liqueur utilisée varie selon les régions.

Ingrédients pour 4 personnes:

Degré de difficulté: xx
Préparation: 1h
Par portion: 650 kcal/2700 kJ

1 canard de ± 2 kg
6 oranges
2 carottes, 2 oignons
2 dl de vin blanc sec
persil finement haché
1 feuille de laurier
1 brindille de thym
1 brin de marjolaine
1 c. à s. de sucre
jus d'un citron
4 c. à s. de Grand Marnier
4 c. à s. d'huile d'olive
sel et poivre du moulin

1 Rincez bien le canard à l'eau courante; salez et poivrez. Placez-le dans un plat à rôtir graissé dans un four préchauffé à 220°C, pendant 1 heure.
2 Coupez en fines lanières l'écorce des oranges, épluchées sans la pellicule blanche. Ôtez celle-ci et divisez les oranges en quartiers.
3 Grattez et lavez les carottes, épluchez les oignons et

coupez le tout en morceaux. Versez l'huile d'olive dans une casserole suffisamment grande et faites-y revenir les carottes et les oignons. Ajoutez le vin blanc.

4 Liez la feuille de laurier, le thym, la marjolaine. Placez le bouquet garni dans la casserole et laissez mijoter 10 min. Sortez le canard du four et attendez 2 min avant de le farcir avec la moitié des quartiers d'orange. Posez-le dans la casserole, sur les carottes et les oignons. Mijotez le tout 15 minutes.

5 Pendant ce temps, préparez la sauce. Dans un poêlon, mettez le sucre, le zeste d'orange, le jus de citron et deux cuillers à soupe d'eau. Portez lentement à ébullition. Retirez du feu et versez le Grand Marnier. Poivrez, salez et laissez cuire encore 5 min à feu doux. Retirez du feu puis ajoutez le reste des oranges et 10 c. à s. de jus de cuisson. Cuisez 2 min à feu vif puis versez la moitié sur un plat.

6 Sortez le canard de la casserole, tamisez le jus de cuisson et retirez le bouquet garni. Mettez le canard sur le plat, garnissez avec les légumes égouttés et parsemez de persil haché. Servez immédiatement.

Des fruits de toutes les couleurs à Marseille.

Œufs miroir au vinaigre de vin

Ce plat de la cuisine française moderne est très facile et rapide à préparer, tout en étant particulièrement raffiné.

Ingrédients pour 4 personnes:

Degré de difficulté: x
Préparation: 15 min
Par portion: 350 kcal/1700 kJ

4 œufs
2 c. à s. d'huile d'olive
4 c. à s. de vinaigre de vin rouge
sel et poivre du moulin

1 Réglez le four sur 180°C.
2 Chauffez dans une casserole peu profonde (pouvant aller au four) deux cuillers à soupe d'huile d'olive.
3 Cassez délicatement les 4 œufs dans un bol puis versez-les dans la casserole, juste le temps que les blancs commencent à durcir dans le fond, le dessus restant visqueux.Salez et poivrez.
4 Ajoutez le vinaigre aux œufs et mettez au four 4 à 6 min. Les blancs doivent être solidifiés tandis que les jaunes resteront liquides au centre.
5 Retirez du four et servez rapidement avec des toasts ou un assortiment de salades.

Paquetoun de counieu

Lapin à la provençale

Une célèbre recette provençale traditionnelle, dégustée dans toute la France.

Degré de difficulté: x
Préparation: 35 min
Cuisson: 50 min
Par portion: 550 kcal/2300 kJ

Ingrédients pour 4 personnes:

4 cuisses de lapin d'env. 250 g
4 tranches de jambon fumé ou cru
2 dl de vin blanc sec
1 c. à s. de pastis
6 tomates
12 petits oignons frais
100 g d'olives noires
6 gousses d'ail
1 brindille de thym
1 brin de marjolaine
4 c. à s. d'huile d'olive

1 Préchauffez le four à 220°C. Rincez les cuisses de lapin puis épongez-les. Lavez les tomates, coupez-les en 4 et épépinez-les avant de les détailler en petits dés. Pelez les petits oignons et raccourcissez les feuilles à 1 cm. Coupez-les en rondelles. Pelez et hachez finement l'ail. Hachez le thym et la marjolaine.

2 Versez l'huile d'olive dans une poêle et saisissez les cuisses de lapin des deux côtés, 7 min environ. Retirez-les de la poêle et enroulez chacune d'elles dans une tranche de jambon que vous maintiendrez à l'aide de ficelle ou avec des bâtonnets.

3 Faites revenir l'ail, les oignons et les tomates dans la poêle utilisée pour le lapin.

4 Au bout de 10 min, versez le tout dans un plat allant au four. Disposez les cuisses de lapin sur les légumes puis ajoutez le vin blanc et les olives. Laissez cuire 50 minutes. Retirez le plat du four et aspergez de pastis. Disposez sur 4 assiettes et servez immédiatement.

Faisan à l'alsacienne

Basé sur la recette très ancienne du 'faisan en chartreuse', ce mets était traditionnellement préparé avec du bourgogne rouge. Aujourd'hui cependant, ce vin est souvent remplacé par un vin d'Alsace ou un bordeaux rouge.

Ingrédients pour 4 personnes:

Degré de difficulté: xx
Préparation: 1h15
Par portion: 500 kcal/2100 kJ

1 faisan de 1,5 kg
150 g de hachis de veau
6 c. à s. d'huile d'olive
150 g de carottes
150 g de haricots verts
150 g de petits navets
6 échalotes
1 verre de vin rouge
sel et poivre du moulin

1 Rincez le faisan à l'eau courante. Salez et poivrez. Chauffez 3 c. à s. d'huile d'olive dans une sauteuse et saisissez le faisan sur toutes ses faces à feu vif pendant 10 min. Ajoutez encore 2 c. à s. d'huile d'olive et couvrez. Laissez mijoter 30 min environ.
2 Retirez le faisan de la sauteuse et détachez la chair de la carcasse puis découpez celle-ci en blocs moyens et en lanières. Jetez le jus de cuisson et versez le vin dans la sauteuse. Faites bouillir 2 à 3 minutes.
3 Préchauffez le four à 220°C.
4 Lavez et coupez les bouts des haricots, détaillez les carottes en rondelles et les navets en cubes de env. 1 cm.

Épluchez et hachez menu les échalotes. Cuisez les légumes séparément dans un peu d'eau légèrement salée. Égouttez-les et repassez-les sur le feu pour éliminer toute l'eau de cuisson.
5 Versez le reste de l'huile d'olive dans un plat à rôtir. Mélangez les légumes avec le hachis et répartissez le mélange dans le fond du plat. Disposez ensuite la chair du faisan puis arrosez le tout du vin rouge. Laissez cuire 30 min au four puis 2 à 3 min sous le gril et servez avec des pommes nature ou des frites.

Civet de chevreuil

Un plat de gibier très populaire, l'épaule de chevreuil étant moins coûteuse et son goût insurpassable.

Ingrédients pour 4 personnes:

1 kg d'épaule de chevreuil
1 l de vin rouge
1 cube de bouillon de bœuf dans 5 dl d'eau
100 g de carottes
3 oignons
250 g de champignons
1 feuille de laurier
2 gousses d'ail
1 brindille de thym
20 g de baies de genévrier
6 c. à s. d'huile d'olive
1 c. à s. de concentré de tomates
4 c. à s. de farine
sel et poivre du moulin

1 Rincez la viande à l'eau courante, éliminez les nerfs et les membranes puis coupez en dés d'environ 2 cm. Mettez la viande dans un grand plat creux peu profond.
2 Grattez, lavez et coupez les carottes. Pelez les oignons et l'ail et hachez le tout finement. Hachez le thym menu. Lavez les baies de genévrier et la feuille de laurier. Ajoutez tous ces ingrédients à la viande. Versez le vin, couvrez d'une feuille d'aluminium et laissez mariner 24 h.
3 Sortez les dés de chevreuil de la marinade et épongez-les. Faites chauffer 4 cuillers à soupe d'huile d'olive dans une casserole et faites-y revenir la viande sur toutes ses faces.
4 Ajoutez la marinade et les légumes, le concentré de tomates et la farine. Mélangez bien. Ajoutez éventuellement de l'eau pour couvrir le tout.
5 Faites mijotez 45 min à couvert. Au besoin, salez et poivrez.
6 Sautez les champignons 5 minutes à la poêle. Ajoutez-les ensuite au civet et servez immédiatement en accompagnant par exemple de purée de pommes de terre.

Degré de difficulté: x
Marinade: 24 h
Préparation: 2 h
Par portion: 500 kcal/2100 kJ

Truite farcie à l'oignon au vin blanc

En Bourgogne, la truite est souvent cuite au vin rouge, tandis qu'en Alsace on utilise du vin blanc. Choisissez de préférence un vin d'Alsace.

Degré de difficulté: x
Préparation: 2h
Par portion: env. 300 kcal/ 1500 kJ

Ingrédients pour 4 personnes:

4 truites nettoyées d'env. 250 g
500 g de petits oignons frais
100 g de champignons
4 dl de vin blanc
1/2 cube de bouillon de poule dans 3 dl d'eau
1 brin de persil
1 brindille de thym
1 brin de marjolaine
1 c. à s. de jus de citron
2 c. à s. de farine
1 c. à s. de moutarde
6 c. à s. d'huile d'olive
sel et poivre du moulin

1 Pelez les petits oignons, coupez-les en rondelles et faites-les revenir dans une casserole avec 3 c. à s. d'huile d'olive.
2 Ajoutez le vin, le thym et la marjolaine finement hachés et faites réduire à peu près de moitié à feu vif. Préchauffez le four à 180°C.
3 Ôtez les arêtes des truites, salez et poivrez. Retirez les petits oignons du vin blanc et farcissez-en la truite. Mettez 3 c. à s. d'huile d'olive dans un plat à four et disposez les truites dans le fond. Arrosez du vin blanc et du bouillon de poule. Faites cuire 15 min.
4 Cuisez les champignons avec 6 c. à s. d'eau et le jus de citron. Égouttez.
5 Retirez les truites du plat à four et maintenez-les au chaud. Incorporez la moutarde et la farine au jus de cuisson et faites réduire jusqu'à 1/3 à feu vif. Mélangez les champignons à la sauce. Disposez les truites sur un plat préchauffé et nappez-les de sauce. Parsemez de persil. Servez sans tarder avec des pommes vapeur, par exemple.

Cotriade

La cotriade est un plat typiquement breton, composé de différents poissons cuits au vin blanc, de pommes de terre et d'oignons. Chaque cuisinière bretonne garde jalousement le secret de sa recette personnelle. Les poissons énumérés parmi les ingrédients peuvent être remplacés par d'autres espèces: cabillaud, maquereau, daurade, thon, sole, éperlan ou raie.

Ingrédients pour 4 personnes:

Degré de difficulté: x
Préparation: 40 min
Par portion: 400 kcal/1700 kJ

250 g de filets de merlan
250 g d'anguille de mer (4 tronçons)
250 g de roussette
250 g de filets de saumon ou de lotte
100 g de crevettes grises
50 g de graisse de lard
500 g de pommes de terre
1 brin de marjolaine
4 oignons
1 l de vin blanc sec
1 cube de bouillon de légumes dans 5 dl d'eau
2 c. à c. de moutarde
8 c. à s. d'huile d'olive
1 c. à s. de vinaigre de vin blanc
sel et poivre du moulin

1 Épluchez les oignons, émincez-les et faites-les blondir dans une casserole avec la graisse de lard. Pelez les pommes de terre, coupez-les en quatre et ajoutez-les aux oignons. Mouillez avec le vin et le bouillon de légumes. Salez et poivrez. Laissez cuire 10 min à feu doux.
2 Ajoutez l'anguille de mer (poisson le plus ferme) et 10 minutes après, la roussette, le saumon, le merlan et les crevettes. Laissez mijoter 15 min à feu doux.
3 Disposez les poissons sur un plat préchauffé et entourez des pommes de terre et des oignons. Nappez les poissons d'un peu de jus de cuisson. Gardez le plat au chaud.

4 Préparez la sauce avec 8 c. à s. de jus de cuisson, l'huile d'olive, le vinaigre de vin blanc, la moutarde et la marjolaine finement hachée. Portez à ébullition en remuant et servez dans une saucière. Accompagnez de petites tranches de baguette.

La Bretagne est le premier fournisseur de France de poissons, d'huîtres, de moules et d'autres fruits de mer. Toute sa côte est parsemée de petits villages de pêcheurs et d'élevages de moules et d'huîtres. Photo: bateau de pêche à Concarneau.

Saumon en papillote aux pomme

Un plat archiconnu, pourtant facile et rapide à réaliser et, pour ne rien gâcher, pas cher! À conseiller quand vous êtes pressé.

Ingrédients pour 4 personnes:

1 saumon de 1 kg
sans la queue ni la tête
10 échalotes
2 pommes
4 fines carottes
1 c. à s. de ciboulette hachée
4 c. à s. de calvados
4 c. à s. de vin blanc
4 c. à s. d'huile d'olive
sel et poivre du moulin

1 Épluchez les échalotes et coupez-les en deux. Grattez les carottes et émincez-les. Faites revenir le tout dans une poêle avec 4 c. à s. d'huile d'olive pendant 5 min.
2 Grattez les écailles du saumon puis rincez celui-ci à l'eau courante. Découpez-le en 4 darnes.
3 Pelez les pommes, coupez-les en 4 et retirez le trognon. Découpez en dés. Préchauffez le four à 180°C.
4 Coupez une grande feuille d'aluminium, repliez les bords vers le haut de façon à pouvoir placer les 4 darnes. Étalez d'abord une couche de légumes, puis les cubes de pommes et enfin le poisson. Salez, poivrez et parsemez de ciboulette hachée.

Degré de difficulté: x
Préparation: 35 min
Par portion: 400 kcal/ 1700 kJ

Arrosez le tout de calvados et de vin blanc, puis refermez hermétiquement la feuille d'aluminium en roulant un peu les bords.

5 Mettez au four 15 min. Servez immédiatement.

Grand aïoli

Ce mets provençal est servi traditionnellement le vendredi saint. Du bar ou de la daurade peuvent remplacer le cabillaud.

Degré de difficulté: x
Préparation: 1h15
Par portion: 400 kcal/ 1700 kJ

Ingrédients pour 4 personnes:

4 filets de cabillaud de 200 g chacun
500 g de coquillages (moules, coques, vénus, huîtres, etc.)
1 cube de bouillon de poisson dans 1 l d'eau
2 poireaux
2 oignons

3 gousses d'ail
1 c. à c. de moutarde
2 jaunes d'œuf
3 dl d'huile d'olive
sel et poivre du moulin

1 Rincez le poisson à l'eau courante. Mettez-le dans une grande casserole.
2 Lavez et coupez les poireaux en rondelles. Ajoutez-en la moitié dans la casserole. Mouillez avec le bouillon et complétez avec de l'eau pour couvrir le tout. Cuisez 30 min à couvert.
3 Rincez soigneusement tous les coquillages. Mettez-les (sans les moules) dans une casserole contenant 1 l d'eau. Salez et poivrez, ajoutez le reste des poireaux et portez à ébullition. Laissez cuire 30 min environ. Ajoutez ensuite les moules. Épluchez les oignons et émincez-les. Mettez-les dans la casserole et laissez cuire jusqu'à ce que les moules s'ouvrent.
4 Pressez l'ail dans un bol, ajoutez les jaunes d'œuf, la moutarde, un peu de sel et de poivre. Ajoutez l'huile d'olive par filets en tournant avec une cuiller en bois.
5 Disposez les filets de poissons sur un plat préchauffé et entourez-les des coquillages avec ou sans les coquilles. Répartissez l'aïoli dans 4 petits bols et servez.

Sole à la normande

Cette recette est une des préparations les plus courantes de la sole. Elle convient à un repas de fête et se réalise facilement.

Ingrédients pour 4 personnes:

Degré de difficulté: x
Préparation: 40 min
Par portion: 350 kcal/1500 kJ

12 filets de sole
1 kg de moules
150 g de crevettes grises épluchées
150 g de petits champignons
1 cube de bouillon de poisson dans 5 dl d'eau
2 oignons
2 jaunes d'œuf
2,5 dl de crème fraîche
1 verre de vin blanc sec
1 c. à s. de jus de citron
1 c. à s. de beurre
sel et poivre du moulin

1 Rincez les moules à l'eau courante et ôtez les barbes. Pelez les oignons et émincez-les. Faites cuire dans une grande casserole, les moules, les oignons et le vin blanc, pendant 12 min env. Remuez de temps en temps avec une cuiller en bois. Les moules sont cuites dès qu'elles s'ouvrent. Retirez les moules et réservez-les.
2 Rincez les champignons à l'eau courante et coupez-les en deux. Aspergez d'un peu de citron, salez, poivrez et cuisez-les à feu vif dans un poêlon jusqu'à évaporation complète du liquide. Ajoutez les champignons et les crevettes aux moules et tenez au chaud.
Préchauffez le four à 220°C.

3 Portez l'eau à ébullition et faites-y fondre le cube de bouillon.
4 Enroulez les filets de sole et fixez-les avec un cure-dents en bois. Beurrez le fond d'un plat à four et dressez-y les filets enroulés. Mouillez de bouillon, couvrez d'une feuille d'aluminium et enfournez 10 min.
5 Disposez les filets avec les champignons, les moules et les crevettes dans un plat et maintenez-les au chaud.
6 Mélangez le bouillon et le jus des moules et faites réduire env. 8 min à feu vif. Incorporez les 2 jaunes d'œuf à la crème fraîche et ajoutez lentement à la sauce tout en remuant. Retirez du feu et battez énergiquement jusqu'à obtention d'une sauce plus épaisse et plus aérée. Nappez-en les filets et servez.

Mouclade

La mouclade est préparée dans plusieurs régions de France. Les recettes varient suivant le vin ou l'épice (safran ou curry) utilisé.

Degré de difficulté: x
Préparation: 35 min
Par portion: 450 kcal/1900 kJ

Ingrédients pour 4 personnes:

3 kg de moules
5 dl de vin blanc sec
2,5 dl de crème fraîche
2 jaunes d'œuf
4 échalotes
4 brins de persil
1 brindille de thym
1 gousse d'ail
1 c. à c. de curry
1 pincée de poivre de Cayenne

1 Rincez bien les moules à l'eau courante et ôtez les barbes.
2 Versez le vin blanc dans une grande casserole, hachez le thym, les échalotes, le persil et l'ail et ajoutez le tout dans la casserole. Porter le liquide à ébullition puis faites-y cuire les moules.

3 Retirer les moules (sans jeter le jus de cuisson) dès qu'elles sont ouvertes (± 10 min). Jetez les coquilles fermées. Réservez au chaud dans un four préchauffé à 150°C.
4 Faites réduire le jus de cuisson 5 min à feu vif. Tamisez puis ajoutez le curry, le poivre de Cayenne et la crème et prolongez la cuisson quelques instants. Incorporez les 2 jaunes d'œuf à 2 c. à s. de jus de cuisson, puis versez le tout dans le reste de jus.
5 Remettez les moules dans ce dernier et chauffez 3 min sans laisser bouillir. Servez immédiatement dans des assiettes creuses.

Huîtres grillées

Son origine est incertaine mais cette recette est très appréciée dans toute la France. Elle mérite sans aucun doute d'être essayée pour une occasion spéciale.

Ingrédients pour 4 personnes:

Degré de difficulté:	x
Préparation:	40 min
Par portion:	450 kcal/2200 kJ

24 huîtres
24 fines tranches de saumon fumé (env. 4 x 8 cm)
1 baguette
3 c. à s. de beurre
8 c. à s. de mie de pain séchée
poivre du moulin

1 Ouvrez les huîtres, versez le jus dans un poêlon en le filtrant à travers un essuie de cuisine. Retirez les huîtres des coquilles et ajoutez-les dans le poêlon. Portez à ébullition puis retirez du feu. Laissez bien égoutter les huîtres.
2 Enroulez chaque huître dans une tranche de saumon. Enfilez-les par six sur des brochettes en métal.

3 Allumez le gril du four. Coupez en oblique 8 fines tranches de baguette. Disposez-les en 4 rangées de 2 tranches sur un plat à four et placez une brochette sur chaque rangée.
4 Glissez le plat sous le gril et retournez les brochettes après 4 min, puis grillez encore 4 min.
5 Faites fondre le beurre dans une petite poêle et dorez-y la mie de pain.
6 Retirez les huîtres des brochettes, disposez-les sur un plat chauffé et parsemez chacune d'elle de mie de pain. Poivrez et servez.

Gratin dauphinois

Un plat originaire du Dauphiné, au goût relevé mais qui convient à toutes les fêtes, surtout pour accompagner les plats de viande.

Ingrédients pour 4 personnes:

Degré de difficulté: x
Préparation: 1h10
Par portion: env. 300 kcal/ 1300 kJ

600 g de pommes de terre
3 dl de lait
40 g de beurre
1 œuf
2 gousses d'ail
2 dl de crème fraîche
sel et poivre du moulin

1 Mélangez le lait et la crème fraîche dans une casserole et portez lentement à ébullition. Pressez une gousse d'ail dans le mélange.
2 Préchauffez le four à 200°C.
3 Épluchez les pommes de terre et coupez-les en fines tranches. Rincez-les rapidement à l'eau courante.

Coupez l'autre gousse d'ail en deux et frottez-en le fond et les bords d'un plat à four. Disposez-y les pommes de terre comme les tuiles d'un toit. Salez et poivrez légèrement.

4 Battez l'œuf et ajoutez-le tout en tournant au mélange lait et crème. Portez à ébullition 5 min à feu vif pour que la sauce épaississe. Versez celle-ci sur les pommes de terre, lissez la surface et répartissez quelques noix de beurre sur le tout. Mettez au four 1 heure et servez immédiatement.

Conseil:
Si vous voulez manger ce gratin sans viande ni poisson, parsemez-en la surface de fromage fraîchement râpé avant d'enfourner.

Gratin de chou-fleur

Il existe à travers toute la France des dizaines de recettes de ce gratin. Celle-ci vient de Provence.

Ingrédients pour 4 personnes:

1 gros chou-fleur
100 g de gruyère fraîchement râpé
10 c. à s. de mie de pain sec
6 c. à s. d'huile d'olive
noix de muscade
1 l d'eau
sel et poivre du moulin

Degré de difficulté: x
Préparation: 25 min
Par portion: 150 kcal/700 kJ

1 Découpez le chou-fleur en rosettes. Rincez celles-ci dans un tamis, à l'eau courante. Remplissez une casserole d'eau, portez à ébullition et mettez-y les rosettes pendant 5 min. Égouttez. Arrosez de l'huile d'olive.
2 Préchauffez le four à 200°C.
3 Disposez les rosettes en rangs serrés dans un plat à four. Assaisonnez avec un peu de poivre, du sel et de la noix de muscade. Parsemez avec le gruyère et la mie de pain.
4 Mettez au four 10 à 15 min, puis 2 min sous le gril pour dorer joliment le dessus. Servez dès la sortie du four.

Tomates et poivrons farcis

Un plat pour tous les jours, rapide, bon marché... et surtout, succulent!

Ingrédients pour 4 personnes:

4 grosses tomates fermes
4 poivrons rouges ou jaunes
1 kg de hachis de poulet ou de veau
1 gousse d'ail
1 brindille de thym
4 c. à s. d'huile d'olive
6 c. à s. de mie de pain sec
2 œufs
1 pincée de poivre de Cayenne
sel

1 Lavez les tomates et les poivrons et coupez la partie supérieure. Évidez-les.
2 Préchauffez le four à 200°C.
3 Pressez l'ail sur le hachis. Ajoutez le thym finement haché, la mie de pain et les œufs battus. Assaisonnez de sel, de poivre de Cayenne et malaxez soigneusement le tout. Remplissez les tomates et les poivrons puis replacez les parties supérieures.
4 Nappez-les avec l'huile d'olive et faites cuire 45 min au four. Accompagnez par exemple d'une purée de pommes de terre.

Étal de légumes dans une des ruelles étroites du vieux Nice.

Degré de difficulté: x
Préparation: 40 min
Par portion: 350 kcal/1500 kJ

Fleurs de courgettes farcies

Un plat très spécial à servir pour étonner vos invités. Les fleurs de courgettes ne se trouvent pas facilement mais votre marchand de légumes pourra vous les fournir sur commande.

Ingrédients pour 4 personnes:

12 fleurs de courgette
4 courgettes (env. 400 g)
2 œufs
60 g de gruyère râpé
2 gousses d'ail
3 c. à s. d'huile d'olive
50 g de mie de pain sec
2 petites feuilles de basilic
1 brin de persil
sel et poivre du moulin

Degré de difficulté: x
Préparation: 1h30
Par portion: 200 kcal/800 kJ

1 Rincez les courgettes et les fleurs de courgettes puis égouttez-les. Coupez avec des ciseaux les étamines et le pédoncule des fleurs.
2 Détaillez les courgettes en petits dés. Épluchez l'ail,

hachez-le finement et ajoutez-le aux courgettes. Chauffez l'huile d'olive dans une poêle et faites-y revenir les courgettes 10 min à feu doux. Placez celles-ci dans un plat et laissez refroidir.

3 Préchauffez le four à 220°C.

4 Mélangez la mie de pain aux œufs battus; poivrez et salez. Incorporez le persil et le basilic finement hachés aux courgettes. Ajoutez aussi la moitié du gruyère.

5 Remplissez très délicatement les fleurs de courgettes du mélange précédent et enroulez les extrémités. Disposez les fleurs farcies dans un plat à four, parsemez du reste du gruyère et faites cuire env. 15 min au four (les fleurs doivent devenir dorées). Servez sans attendre.

Gratin de pommes de terre à la dijonnaise

Une des nombreuses manières de préparer des pommes de terre gratinées à la Française. Cette recette-ci est très courante en Bourgogne.

Ingrédients pour 4 personnes:

1 kg de pommes de terre
6 échalotes
50 g de gruyère fraîchement râpé
1 c. à s. de persil haché
1 gousse d'ail
2 dl de crème fraîche
2 c. à s. de moutarde
1 c. à s. de beurre
sel et poivre

Degré de difficulté: x
Préparation: 55 min
Par portion: env. 200 kcal/ 800 kJ

1 Épluchez les pommes de terre et rincez-les dans un tamis, à l'eau courante. Coupez-les en fines tranches et mettez-les dans un plat. Pelez les échalotes, hachez-les finement et ajoutez-les aux pommes de terre. Salez et poivrez légèrement.
2 Préchauffez le four à 200°C.
3 Battez la crème fraîche avec la moutarde dans un bol et incorporez le tout aux pommes de terre.
4 Beurrez le fond et les bords et disposez les pommes de terre comme les tuiles d'un toit. Couvrez la surface avec le fromage fraîchement râpé. Cuisez 40 min au four. Servez immédiatement après avoir parsemé le gratin de persil haché.

Ratatouille niçoise

Une des préparations de légumes typiquement provençale. Sa composition dépend de l'offre du marché.

1 Épluchez les oignons, émincez-les et faites-les revenir dans une grande casserole avec 3 c. à s. d'huile d'olive. Coupez l'aubergine en cubes de env. 1 cm; saupoudrez de sel et laissez reposer pendant 30 min. Coupez les poivrons en deux, ôtez les graines puis découpez la chair en petits dés. Ajoutez ceux-ci aux oignons et laissez cuire. Coupez la courgette en tranches. Laissez égoutter les aubergines et ajoutez-les avec les courgettes aux oignons.
2 Pelez les tomates (plongez-les éventuellement 10 sec dans de l'eau chaude), coupez-les en deux, épépinez-les et détaillez-les en petits cubes. Ajoutez-les aussi dans la casserole avec la feuille de laurier.
3 Assaisonnez avec les feuilles de thym, de poivre et de sel et ajoutez l'ail pressé. Laissez encore cuire 10 min à couvert.
4 Rincez les champignons à l'eau courante, dans un tamis. Coupez les pieds et ajoutez au reste. Laissez encore mijoter 15 min. Servez chaud au froid.

Ingrédients pour 4 personnes:

Degré de difficulté: x
Préparation: 1 h
Par portion: 200 kcal/ 800 kJ

2 gros oignons
4 poivrons (par ex. 2 rouges, 1 jaune et 1 vert)
1 grosse courgette
1 grosse aubergine
4 tomates
1 c. à s. de feuilles de thym
1 feuille de laurier
4 gousses d'ail
250 g de champignons
3 c. à s. d'huile d'olive
sel et poivre du moulin

Crème au caramel

Un des fleurons de la cuisine familiale française. À essayer absolument!

Ingrédients pour 4 à 6 personnes:

Degré de difficulté: xx
Préparation: 1h30
Par portion: 350 kcal/ 1500 kJ

1 l de lait
270 g de sucre
7 jaunes d'œuf
1 gousse de vanille

1 Faites cuire dans un poêlon 70 g de sucre avec 1 c. à s. d'eau, jusqu'à obtention d'un sirop brun jaune. Prenez 4 ou 6 petits ramequins résistant au four et versez-y un peu de caramel. Inclinez les formes afin que le caramel recouvre uniformément tout le fond.
2 Portez le lait à ébullition. Incisez la gousse dans le sens de la longueur et mettez-la dans le lait. Retirez du feu et au bout de 5 minutes, récupérez la vanille. Ajoutez ensuite la moitié du sucre restant. Cassez les œufs et séparez les jaunes. Incorporez le reste du sucre et battez énergiquement. Sur le feu, mélangez les œufs au lait en fouettant vivement.

3 Préchauffez le four à 180°C.
4 Versez le lait dans les ramequins jusqu'à 3-4 mm du bord. Disposez ceux-ci dans un plat à four peu profond que vous remplirez d'eau jusqu'à 1 cm du bord des ramequins. Mettez au four 40 min.
5 Laissez refroidir complètement. Si vous voulez conserver les crèmes au réfrigérateur, avant de les servir, mettez-les 1 min dans un plat contenant 1 cm d'eau bouillante pour que le caramel redevienne liquide.

Crêpes Suzette

Ingrédients pour 4 personnes:

Degré de difficulté: x
Temps de repos: 30 min
Préparation: 1h
Par portion: 400 kcal/1700 kJ

150 g de farine
3 dl de lait
40 g de sucre cristallisé
2 œufs
150 g de beurre
1/2 orange
1/2 citron
8 c. à s. de Cointreau

1 Commencez par préparer la pâte. Tamisez la farine dans un saladier. Incorporez les 2 œufs et 1/3 du lait. Faites fondre 120 g de beurre dans un poêlon puis ajoutez-le à la pâte en fouettant. Ajoutez 15 g de sucre et le reste du lait. Mélangez bien tous les ingrédients et laissez reposer 30 minutes (important!).
2 Pressez la demi-orange et le demi-citron dans un bol; ajoutez 4 c. à s. de sucre, mélangez et chauffez dans une petite poêle.
3 Faites fondre 2 c. à s. de beurre dans une crêpière, répartissez bien le beurre sur toute la surface et jetez l'excédent. À l'aide d'une louche, prélevez la quantité exacte de pâte pour couvrir tout le fond de la poêle en basculant celle-ci. Faites cuire jusqu'à ce que des bulles d'air apparaissent. À l'aide d'une spatule, détachez les bords de la crêpe puis retournez celle-ci en glissant la spatule sous la crêpe. Cuisez encore 1 à 2 min. Passez la crêpe dans le sirop de fruits, pliez-la en 4 et déposez-la sur un plat préchauffé dans un four à 75°C. Répétez l'opération pour confectionner de belles crêpes.

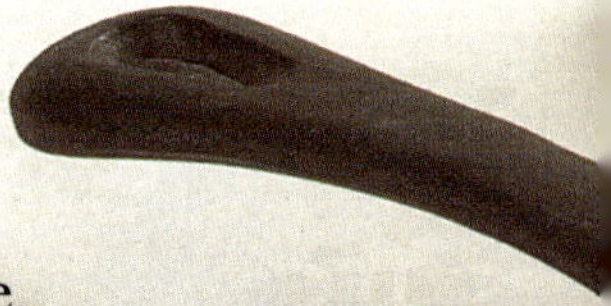

4 Mélangez le Cointreau à la sauce. Disposez 2 crêpes sur chaque assiette et nappez-les d'un peu de sauce. Au lieu de mettre la liqueur dans la sauce, vous pouvez aussi en arroser les crêpes de 3 cuillers à café. Craquez une allumette et faites flamber.

Il y a cent ans, le cuisinier français Carpentier prétendait avoir inventé cette recette. Vrai ou faux, son inventeur était un génie de la cuisine!

Poires au vin rouge

En Bourgogne - région d'origine de cette recette -, on utilise des poires Williams. Si vous n'en trouvez pas, remplacez-les par des Doyenné du Comice, des Beurré Hardy ou toute autre poire juteuse. Les poires à cuire conviennent moins bien et doivent mijoter trop longtemps (2 à 3 heures).

Ingrédients pour 4 personnes:

Degré de difficulté: x
Préparation: 45 min
Refroidissement: env. 1 h
Par portion: 250 kcal/1050 kJ

4 poires (voir ci-dessus)
1 l de bourgogne rouge
1 bâton de cannelle
400 g de sucre cristallisé
100 g de myrtilles
100 g de cassis
200 g de fraises

1 Épluchez les poires. Laissez-les entières, queue comprise. Mettez 250 g de sucre dans une casserole profonde. Couchez les poires sur le sucre et arrosez-les du vin. Complétez avec de l'eau pour couvrir les fruits. Ajoutez le bâton de cannelle et portez à ébullition. Laissez cuire 15 min à feu doux en retournant les poires après 10 min. Laissez celles-ci refroidir dans le vin.

2 Lavez les fruits très soigneusement. Équeutez-les et ôtez les feuilles. Portez 1 verre d'eau à ébullition dans un poêlon. Plongez-y les myrtilles. Dès que l'ébullition reprend, ajoutez les cassis puis, de la même façon, les fraises. Laissez encore mijoter 5 min à feu doux. Jetez l'eau, saupoudrez le reste du sucre sur les fruits, arrosez de 6 c. à s. du vin de cuisson des poires et laissez encore mijoter 5 min. Retirez le poêlon du feu et mixez les fruits en purée. Laissez refroidir.
3 Dans 4 assiettes creuses, versez une couche de coulis de fruits et placez au centre une poire, queue vers le haut. Ce dessert peut également être servi chaud.

Crème brûlée au chocolat

Une variante de la crème brûlée classique qui n'est pas régionale mais locale: elle a été créée dans un restaurant.

Ingrédients pour 4 personnes:

1,5 dl de lait
1 gousse de vanille
4 dl de crème fraîche
100 g de chocolat amer ou fondant
6 jaunes d'œuf
100 g de sucre cristallisé
100 g de cassonade brune

1 Cassez le chocolat en petits morceaux. Incisez la gousse dans le sens de la longueur. Préchauffez le four à 150 °C.
2 Versez le lait dans un poêlon, ajoutez la vanille et portez à ébullition. Retirez du feu dès que le lait se met à bouillir. Laissez refroidir 10 min.
3 Mettez les morceaux de chocolat dans un saladier et versez le lait à travers un tamis. Remettez le tout dans le poêlon, chauffez jusqu'au point d'ébullition, tout en veillant à tourner constamment pour dissoudre le chocolat.
4 Battez les jaunes d'œuf dans le saladier, ajoutez le sucre et fouettez énergiquement. Incorporez au lait chocolaté ce mélange puis - toujours sans cesser de tourner - la crème fraîche.

5 Versez la crème dans 4 ramequins résistant au four. Placez ceux-ci dans un plat à four profond. Remplissez ce dernier d'eau jusqu'à mi-hauteur des ramequins (*cuisson au bain-marie*). Mettez le tout au four pendant 45 min environ (jusqu'à ce que la crème soit solidifiée). À la sortie du four, saupoudrez les crèmes d'1 c. à s. de cassonade. Replacez le plat sous le gril jusqu'à ce que le sucre soit fondu et caramélisé. Laissez refroidir.

Degré de difficulté: xx
Préparation: 1h30
Par portion:
env. 250 kcal/1050 kJ

Tarte Tatin

La tarte aux pommes retournée est une recette traditionnelle de Sologne où elle figurait à la carte du restaurant des demoiselles Tatin. Elle est renommée dans le monde entier.

Ingrédients pour 1 tarte:

250 g de pâte brisée
70 g de beurre crème
7 à 8 pommes acides
100 g de cassonnade
un bol de crème fraîche

Degré de difficulté: x
Préparation: 30 min
Cuisson: 2 x 20 min
Par portion: 300 kcal/1300 kJ
Moule de 23 cm Ø et 3 cm de haut

1 Préparez la pâte suivant la recette de base. Dans le moule à tarte, mettez le sucre et 3 c. à s. d'eau. Portez à ébullition puis laissez mijoter à feu doux jusqu'à caramélisation du sucre. Retirez du feu et incorporez le beurre.

2 Épluchez les pommes, coupez-les en deux et ôtez le trognon. Réservez une demi-pomme pour la placer au centre de la tarte. Graissez les parois du moule à l'aide d'1 c. à s. de beurre. Découpez le reste des pommes en grosses tranches et disposez-les en cercle sur le sucre caramélisé. Placez la demi-pomme au centre. Remplissez le moule avec le reste des tranches. Comprimez-les bien pour ne pas risquer de casser le fond de tarte au moment où vous le retournerez. Préchauffez le four à 200°C.
3 Faites cuire les pommes dans le moule, à petit feu, env. 15 min (jusqu'à ce que le sirop ait réduit de moitié).
4 Étalez la pâte au rouleau en une abaisse de 1/2 cm d'épaisseur et posez celle-ci sur les pommes. Enlevez le surplus de pâte. Enfournez et laissez cuire env. 30 min jusqu'à ce que la pâte soit dorée.
5 À la sortie du four, laissez reposer 5 min sur une grille. À l'aide d'un couteau, décollez délicatement le bord de la pâte. Posez un plat à tarte sur le moule et retournez l'ensemble en un mouvement rapide. Servez tiède avec un petit bol de crème fraîche.

Index